Guía para jóvenes sobre el gobierno

DESCUBRE CÓMO PUEDES AYUDAR

por Emma Carlson Berne

Consultor: Steven S. Smith, PhD
Profesor de Ciencias Políticas
Universidad de Washington

CAPSTONE PRESS
a capstone imprint

Serie Fact Finders Books publicada por Capstone Press
1710 Roe Crest Drive, North Mankato, Minnesota 56003
www.capstonepub.com

Los datos de CIP (Catalogación previa a la publicación, CIP) de la Biblioteca del Congreso se encuentran disponibles en el sitio web de la Biblioteca.

ISBN 978-1-4966-5722-0 (library binding)
ISBN 978-1-4966-5726-8 (eBook PDF)

Créditos editoriales
Michelle Hasselius, editor; Mackenzie Lopez, designer;
Jo Miller, media researcher; Kathy McColley, production specialist
Traducido a la lengua española por Aparicio Publishing

Fotografías gentileza de:
Alamy: Shelly Rivoli, 17; Getty Images: Astrid Riecken/Stringer, 12, Bettmann/Contributor, 15, 16, 19, The Washington Post/Contributor, 18; Newscom: Blend Images/Betty Mallorca/Hill Street Studios, 23, Blend Images/Eric Raptosh/Hill Street Studios, 21, Blend Images/Marc Romanelli, 27; Shutterstock: Colorlife, 5, espies, cover, Iconic Bestiary, 25, magic pictures, 28, Michael Candelori, 9, NKuvshinov, 26, NotionPic, 22, Sentavio, 24, Snopek Nadia, 6, stock_photo_world, 11, Todd Kuhns, 10, Tomacco, 13

Elementos de diseño
Capstone

Impreso y encuadernado en China.
002489

CONTENIDO

Capítulo 1

Obligación civil y responsabilidad civil

¿Qué hay en común en apoyar a un **candidato/a** que se presenta para alcalde, **protestar** contra una idea política con la que no estás de acuerdo y votar en las próximas elecciones presidenciales? Todas son distintas maneras de participar en el gobierno local y federal.

Participar de nuestro gobierno es una parte importante de vivir en **democracia**. En una democracia, el pueblo elige a los funcionarios, por ejemplo, los alcaldes, los gobernadores, los senadores y el/la presidente. Los funcionarios deben crear leyes y gobernar de manera que se beneficie el pueblo que representan.

Podemos participar en el gobierno de distintas formas. Una de ellas es cumplir con nuestras obligaciones civiles. Las obligaciones civiles son cosas que debemos hacer, como pagar impuestos y respetar las leyes. Si alguien no cumple con sus obligaciones civiles, podría recibir alguna sanción, como multas o cargos penales.

DATO

La democracia no es la única forma de gobierno. En algunos países está prohibido expresarse en contra de los líderes o cuestionarlos. En muchos casos, la gente no puede votar a sus líderes. O si pueden votar, a veces solo tienen un candidato/a.

candidato/a: persona que se presenta para obtener un empleo o ser elegida para un cargo público
protestar: expresar públicamente y de manera enérgica la inconformidad sobre algo
democracia: país que tiene un gobierno elegido por el pueblo

Otro modo de participar es cumplir con tus responsabilidades civiles. Las responsabilidades civiles son acciones que eliges hacer, aunque no sean obligatorias. Algunos ejemplos de responsabilidades civiles son votar en unas elecciones, **boicotear** una empresa o protestar contra ella y postularse para concejal.

DATO

La responsabilidad civil también se conoce como compromiso cívico.

boicotear: negarse a comprar o usar un producto o servicio para protestar contra algo que se piensa que está mal o es injusto

¿Cuál es la diferencia?

A veces cuesta entender la diferencia entre las obligaciones y las responsabilidades civiles. Las obligaciones son obligatorias. Las responsabilidades son voluntarias.

Obligaciones civiles

- ser jurado
- pagar los impuestos
- obedecer a la policía y a otras fuerzas de seguridad
- respetar las leyes

Responsabilidades civiles

- votar
- participar en comités y asambleas de tu comunidad
- recolectar basura en el parque de tu vecindario
- trabajar como voluntario en un refugio de animales

Capítulo 2

La responsabilidad civil en acción

Expresar abiertamente que estás de acuerdo o no con algo es una responsabilidad civil muy importante. La Constitución de Estados Unidos protege tu derecho a no estar conforme con lo que hacen los funcionarios elegidos. Cuando expresas tu opinión, los funcionarios pueden saber qué opinas sobre las decisiones que se toman en el gobierno.

Hay muchas maneras de expresarse. Puedes compartir tu opinión con tu representante escribiéndole o llamándolo. A veces, se organizan campañas para escribir cartas sobre un tema, como el control de armas o la salud.

Las personas envían cartas colectivas a uno o más funcionarios del gobierno. Esto demuestra que hay muchas personas interesadas en el mismo tema. También puedes ir a reuniones organizadas por tu representante, como las reuniones del concejo municipal. Muchas de esas reuniones están abiertas al público.

Además, puedes participar en marchas para mostrar tu apoyo o protestar sobre un tema importante. Por ejemplo, casi 5 millones de personas hicieron marchas por distintas ciudades del mundo para apoyar los derechos de la mujer durante la Marcha de las Mujeres de 2017. Esas personas no tenían la obligación de participar. Decidieron hacerlo porque querían manifestar su apoyo a los derechos de la mujer.

Muchas personas fueron a la Marcha de las Mujeres en Washington D. C.

Protestas en Ohio

Wyoming, Ohio, es una ciudad pequeña con unos 8,500 habitantes. En 2017, el concejo municipal de Wyoming aprobó una **resolución** que permitía a las personas con licencia para portar armas ocultas ingresar armadas en los edificios de la ciudad. El concejo votó sin escuchar la opinión de la comunidad.

Muchos ciudadanos se enojaron al enterarse de esta resolución. No querían que se permitiera llevar armas en los edificios públicos. Opinaban que, como fueron elegidos por los ciudadanos, los miembros del concejo debían tomar decisiones que reflejaran la voluntad del pueblo.

En la siguiente reunión del concejo municipal, los miembros de la comunidad llenaron la sala. Expresaron su preocupación. El concejo los escuchó y, al final, **revocó** la resolución. Los habitantes de Wyoming hicieron oír su voz. Cumplieron con su responsabilidad civil al dar su opinión sobre un tema que les preocupaba.

Un ciudadano asiste a una reunión en el municipio de Austin, Texas.

resolución: expresión formal de una opinión, voluntad o intención que se vota en un organismo legal o un grupo constituido formalmente
revocar: cancelar oficialmente algo, como una ley

Los jóvenes del cambio climático

Es importante que puedas cuestionar a nuestros líderes, sin importar tu edad. No tengas miedo de decir lo que piensas ni de usar el sistema legal cuando observes alguna injusticia. En 2016, 21 niños y adolescentes de todo el país presentaron una demanda contra el gobierno federal. La demanda sostiene que el gobierno no ha protegido a las generaciones futuras de los efectos del cambio climático.

El 29 de abril de 2017, muchas personas protestaron contra las políticas ambientales del gobierno en Washington D. C. Marcharon desde el Capitolio de Estados Unidos hasta la Casa Blanca.

El cambio climático es un cambio en los patrones climáticos regulares de la Tierra. Los niños argumentan que debido a la falta de acción del gobierno, podrían experimentar cambios climáticos peligrosos a lo largo de su vida, como el aumento del nivel del mar, agua y lluvia tóxicas, y tormentas severas.

Capítulo 3

Campeones de la responsabilidad civil

Susanna Salter

Susanna Salter fue **nominada** para ser alcaldesa de Argonia, Kansas, en 1887. En esa época, las mujeres aún luchaban por conseguir su derecho a votar en todo el país. Unas semanas antes de las elecciones de Salter, las mujeres de Kansas habían obtenido el derecho a votar en las elecciones de la ciudad. Salter aceptó la nominación, ¡y ganó! El 4 de abril de 1887, Salter se convirtió en la primera mujer en asumir un cargo de elección popular en Estados Unidos.

Rachel Carson

No es necesario presentarse para un cargo público para participar en asuntos del gobierno. En 1958, la científica y ecologista Rachel Carson estudiaba los efectos de un **pesticida** llamado DDT. El pesticida se usaba para matar insectos. Carson descubrió que también era peligroso para las plantas, los animales y las personas. En 1962, publicó sus descubrimientos en el libro *Primavera silenciosa*. Gracias al trabajo de Carson, el DDT fue prohibido en Estados Unidos en 1972.

En 1947, la tripulación de un avión espera para rociar barriles de DDT en un campo. El DDT se usaba para matar moscas.

nominar: elegir a alguien como candidato/a para un empleo o un cargo público
pesticida: químico venenoso que se usa para matar insectos, ratas y hongos

Harvey Milk, 9 de noviembre de 1977

Harvey Milk

Harvey Milk fue el primer hombre abiertamente homosexual en ser elegido como funcionario público en San Francisco, California. En 1977, Milk ganó un lugar en la Junta de Supervisores de la ciudad. Su deseo era proteger los derechos de los demás miembros de la comunidad gay. Además, quería abrir una guardería infantil de bajo costo y convertir los viejos edificios militares en refugios para personas sin hogar.

En esa época, la violencia contra los homosexuales era común en Estados Unidos. Milk sabía que era peligroso asumir un cargo público, pero estaba decidido a ayudar a su comunidad. En 1978, un exmiembro de la Junta de Supervisores lo mató de un disparo. A partir de su muerte, Milk se ha convertido en un símbolo importante de la comunidad gay. Se hicieron dos películas y una ópera sobre su vida. Cada año, cientos de personas apoyan los derechos de la comunidad gay en el Festival de Harvey Milk en Sarasota, Florida.

Grupo de manifestantes reunidos en la plaza Harvey Milk, durante una marcha contra el odio en San Francisco el 26 de agosto de 2017

Saira Blair

Saira Blair quería participar en el gobierno de su estado. En 2014, con solo 18 años de edad, se postuló para integrar la Cámara de Delegados de Virginia Occidental. Saira Blair es republicana y conservadora fiscal: está a favor de reducir los gastos del gobierno. Al ganar con más del 60 por ciento de los votos, Blair se convirtió en la funcionaria pública más joven elegida en Estados Unidos.

Saira Blair en 2014

El presidente Kennedy, en su discurso inaugural

El presidente Kennedy y la responsabilidad civil

"Entonces, queridos compatriotas: No pregunten qué puede hacer su país por ustedes; pregunten qué pueden hacer ustedes por su país".
—Presidente John F. Kennedy.

El 20 de enero de 1961, John F. Kennedy prestó juramento como el 35.° presidente de Estados Unidos. Durante el discurso que dio a la nación, Kennedy se dirigió a los jóvenes para contarles los beneficios del servicio público y cómo eso ayudaba al país. Al poco tiempo de asumir el cargo, Kennedy creó el Cuerpo de Paz, una organización que envía a voluntarios mayores de 18 años a vivir y trabajar en países con diferentes necesidades. Durante los primeros meses, se presentaron más de 11,000 ciudadanos de Estados Unidos para participar en el programa.

Capítulo 4

¿Qué puedes hacer?

Ser un buen ciudadano

Quizá te preguntes cómo puedes ayudar a tu comunidad o a tu gobierno. Eres demasiado joven para formar parte de un jurado. No pagas impuestos para ayudar a mejorar las calles o los parques de tu ciudad. No puedes votar ni ser elegido para ocupar un cargo en el gobierno. Sin embargo, hay una manera muy importante en la que puedes participar. Puedes ser un buen ciudadano.

Imagina que vas caminando hacia la escuela y observas cómo uno de tus compañeros de clase trata de poner la cadena de su bicicleta. Para ser un buen ciudadano/a, deberías detenerte y ayudar a tu compañero, si puedes. Los buenos ciudadanos también organizarían una campaña para recaudar fondos para los necesitados, como las personas sin hogar o los enfermos de cáncer. Otra manera de ser un buen ciudadano/a sería reciclar en casa y en la escuela.

Un grupo de voluntarios recolectan basura en un callejón de Los Ángeles, California.

También puedes ayudar de otras maneras. Aunque aún no puedas presentarte como candidato/a para un cargo, puedes ayudar a alguien que lo esté haciendo. Durante la época de elecciones, puedes pedirle a uno de tus padres que te acompañe a alguna marcha para apoyar a tu candidato/a favorito/a. También puedes ayudar en la **campaña** como voluntario. Puedes conversar con tus vecinos acerca de por qué deberían apoyar a tu candidato/a. Además, puedes escribir sobre un tema que te apasione. Podrías escribir una carta al editor de tu periódico local. Incluso podrías escribir a tu senador o representante sobre un tema que te preocupe.

campaña: serie de actividades que se organizan para ganar unas elecciones

No tengas miedo de participar. Recuerda que los funcionarios del gobierno trabajan para el pueblo, incluido tú. Niños y niñas pueden influir en su comunidad, en especial cuando se unen.

Unos estudiantes conversan con políticos en el Capitolio de Boise, Idaho.

DATO

El trabajo voluntario es una parte importante de la responsabilidad civil. En 2015, cerca del 25 por ciento de los residentes de Estados Unidos ofrecieron parte de su tiempo para trabajar como voluntarios. ¡Son 7,900 millones de horas!

Una parte importante de ser un buen ciudadano es trabajar para lograr cambios que beneficien a otros. Una buena manera de empezar puede ser con una **petición**. Imagina que el consejo escolar ha decidido que todos los estudiantes deben usar uniforme para ir a la escuela. Ni tú ni algunos otros estudiantes quieren usar el uniforme. A través de una petición, puedes comunicar a tu director y al consejo escolar que muchos estudiantes no quieren usar uniforme. Las peticiones son pedidos formales que se hacen por escrito. Por lo general, las peticiones incluyen firmas de las personas que están de acuerdo con tu causa.

Comencemos

Antes de empezar a escribir la petición, hazte las siguientes preguntas:

- ¿Qué espero lograr al enviar esta petición? ¿Es posible mi objetivo?
- ¿Hay otros estudiantes que estén de acuerdo con mi causa?
- ¿Puedo hacer alguna investigación para que mi argumento sea más convincente?

petición: documento firmado por muchas personas en el que se pide a los líderes que hagan un cambio

Cómo escribir una petición

Ahora ya estás listo para empezar a escribir. Aquí tienes unos consejos para hacer una petición en nombre de los estudiantes.

Escribe tu objetivo. Incluye lo que quieres modificar y por qué quieres ese cambio.

Presenta pruebas. Incluye alguna investigación que hayas encontrado para apoyar tus ideas.

Sé respetuoso cuando hagas tu petición. Escribir algo grosero o amenazante no ayudará a que te comprendan y es muy probable que te traiga problemas en la escuela.

Deja espacio para las firmas. Haz una sección de firmas para que otros estudiantes escriban su nombre. Asegúrate de dejar suficiente espacio para todos los que quieran firmar.

Cómo reunir firmas

Cuando termines de escribir la petición, sal a conseguir firmas. Usa las redes sociales para que los demás conozcan tu mensaje. Trabaja en conjunto con otros estudiantes para hacer carteles en favor de tu opinión. No temas hablar cara a cara con los estudiantes para explicar tu punto de vista y lo que intentas lograr. También puedes conversar con tus maestros. Es posible que no quieran firmar la petición, pero pueden sugerirte algunas ideas que no hayas tenido en cuenta.

Una vez que hayas terminado de reunir firmas, puedes entregar la petición al director o subdirector y esperar su respuesta.

Una estudiante reúne firmas para una petición en Nuevo México.

Responsabilidad civil: Cómo puedes participar

Existen otras maneras de participar. Aquí tienes algunas ideas para empezar. Conversa con uno de tus maestros o con uno de tus padres para pensar más ideas.

1. Vota en las elecciones del consejo estudiantil de tu escuela. Conversa con tu maestro sobre las próximas elecciones y cómo participar. Incluso puedes presentarte como candidato/a.

2. Muestra respeto por los demás. Tal vez te parezca algo muy simple, pero mostrar respeto por otros jóvenes y adultos puede hacer una gran diferencia.

3. Escribe un editorial en el periódico de tu escuela si hay algo que quieras cambiar.

4. Preséntate como voluntario en una organización que te parezca importante, como un refugio para personas sin hogar de tu localidad.

5. Dona a una organización benéfica dinero que hayas ganado. Busca en Internet alguna causa que te apasione. Tus padres pueden ayudarte a donar.

6. Alienta a otros para que participen en eventos y asuntos de la comunidad. Puedes ir en grupo con tus amigos.

7. Recicla en tu escuela y en tu hogar. No tires todo a la basura. Algunos objetos, como latas, botellas, papeles y cartones, pueden reciclarse.

8. Sé amable con tus vecinos y ofrécete para cortar el césped o pasear su perro.

9. Anima a tus padres a votar. Conversa con ellos sobre los candidatos que apoyan y los temas que les interesan.

Glosario

boicotear: negarse a comprar o usar un producto o servicio para protestar contra algo que se piensa que está mal o es injusto

campaña: serie de actividades que se organizan para ganar unas elecciones

candidato/a: persona que se presenta para obtener un empleo o ser elegida para un cargo público

democracia: país que tiene un gobierno elegido por el pueblo

nominar: elegir a alguien como candidato/a para un empleo o un cargo público

pesticida: químico venenoso que se usa para matar insectos, ratas y hongos

petición: documento firmado por muchas personas en el que se pide a los líderes que hagan un cambio

protestar: expresar públicamente y de manera enérgica la inconformidad sobre algo

resolución: expresión formal de una opinión, voluntad o intención que se vota en un organismo legal o un grupo constituido formalmente

revocar: cancelar oficialmente algo, como una ley

Preguntas de razonamiento crítico

1. ¿Ser jurado es una obligación civil o una responsabilidad civil? ¿Por qué?
2. ¿Por qué Rachel Carson escribió el libro *Primavera silenciosa*? Consulta el texto para responder.
3. Una petición es una manera de intentar cambiar algo. ¿Cuál sería una petición?

Índice